AF555790

23 Juin 1891.

1 prix

Vente après décès de M. P...

HOTEL DROUOT, SALLE N° 8

Du Mardi 23 au Samedi 27 Juin 1891

A DEUX HEURES UN QUART

MINIATURES, TABLEAUX

PASTELS

DE

Lié-Louis PÉRIN

DESSINS, ÉTUDES, GRAVURES

Anciens et Modernes

OBJETS D'ART

Argenterie, Médailles, Antiquités

MOBILIER

Commissaire-Priseur : **Me Paul AULARD,** 6, rue St-Marc

EXPERTS :

MM. ROLLIN et FEUARDENT	M. A. BLOCHE
Place Louvois, n° 4	Rue de Châteaudun, n° 25

M. S. MAYER, rue Laffitte, n° 5

CHEZ LESQUELS SE TROUVE LE CATALOGUE

EXPOSITION PUBLIQUE

Le Lundi 22 Juin 1891, de 2 à 6 heures

Nota. — La Vente de la Bibliothèque aura lieu Hôtel Drouot, salle n° 5, les 29 et 30 Juin 1891, par ledit Mr Paul Aulard, assisté de M. Muzard, Libraire-Expert, 26, place Dauphine, chez lequel se distribue le Catalogue.

IMPRIMERIE MAULDE ET RENOU

A. MAULDE & Cie

IMPRIMEURS DE LA COMPAGNIE DES COMMISSAIRES-PRISEURS

Rue de Rivoli, 144. — Paris

CATALOGUE

DES

MINIATURES, TABLEAUX

PASTELS, ÉTUDES, DESSINS, GRAVURES

ŒUVRES DE

Lié-Louis PÉRIN

AUTRES PAR OU ATTRIBUÉES A

AUGUSTIN, DUMONT, HINSIUS, VESTIER
VAN LOO, PETITOT, Alphonse PÉRIN, Victor ORSEL, GUÉRIN
CORNU, D'ALIGNY

Tableaux Anciens, Byzantins, Greco-Russes

OBJETS D'ART, MOBILIER

Argenterie, Vaisselle plate, Bijoux, Médailles
Antiquités, Curiosités, Porcelaines de Chine, du Japon
et de Saxe
Faïences, Bronzes, Sculptures, Cuivres d'Orient

BEAUX MEUBLES EN BOIS SCULPTÉ LOUIS XIV

TENTURES, TAPIS

Dépendant de la Succession de M. P...

ET DONT LA VENTE AURA LIEU

HOTEL DROUOT, SALLE N° 8

Les Mardi 23,
Mercredi 24, Jeudi 25, Vendredi 26 et Samedi 27 Juin 1891

A DEUX HEURES UN QUART

Par le Ministère de **Me Paul AULARD,** Commissaire-Priseur
rue Saint-Marc, 6

ASSISTÉ DE

MM. ROLLIN et FEUARDENT	**M. A. BLOCHE**
EXPERTS	EXPERT PRÈS LA COUR D'APPEL
Place Louvois, n° 4	Rue de Châteaudun, n° 25

S. MAYER, Expert, rue Laffitte, n° 5

CHEZ LESQUELS SE TROUVE LE PRÉSENT CATALOGUE

EXPOSITION PUBLIQUE

Le Lundi 22 Juin 1891, de 2 à 6 heures

NOTA. *La Vente des Livres composant la Bibliothèque de feu M. P... aura lieu les 29 et 30 Juin, Hôtel Drouot, salle n° 5.*

CONDITIONS DE LA VENTE

La vente sera faite au comptant.

Les Acquéreurs paieront, en sus des adjudications, CINQ POUR CENT applicables aux frais de la vente.

L'Exposition mettant le Public à même de se rendre compte de l'état des Objets, aucune réclamation ne sera admise une fois l'adjudication prononcée.

A. MAULDE et Cie, imprimeurs de la Compagnie des Commissaires-Priseurs
rue de Rivoli, 144. 600—15.911

Désignation

MINIATURES

AUGUSTIN (Attribué à)

1 — Portrait de Dame en peplum blanc avec manteau rouge jeté sur les épaules. Fond de paysage. Miniature ovale sur ivoire.

DUMONT (Attribué à)

2 — Portrait de Dame de qualité, assise dans un parc, en robe rouge, avec corsage de velours noir, guimpe blanche décolletée, regardant presque de face, chevelure poudrée avec nœud de ruban bleu. Miniature ronde sur ivoire.

HEINSIUS

3 — Portrait de Dame représentée les bras croisés, regardant presque de face, chevelure frisée et légèrement poudrée, robe en soie gorge de pigeon, un peu décolletée. Fond de paysage. Belle miniature ronde sur ivoire. Cadre doré à reverbère et à chevalet.

HEINSIUS

4 — Portrait d'un Gentilhomme assis, tenant son chapeau à la main, en habit brun, gilet en satin tout brodé à fleurs, jabot de dentelle, perruque poudrée. Jolie miniature ronde. Cadre bois noir.

LAUDIN

5 — Sainte Catherine. Peinture sur émail. Signé au revers LAUDIN, *émailleur à Limoges.* Cadre en bois guilloché incrusté de cuivre.

MAYAUD

6 — Portrait de Dame à cheveux blonds coiffure 1830, en robe bleue décolletée avec boa de fourrure. Miniature ovale sur ivoire. Signée à droite. Cadre en bois noir.

PÉRIN (LIÉ-LOUIS)

7 — Portrait de jeune Femme, représentée dans le parc de Versailles, en robe blanche décolleté, avec corsage violet à lacet, chevelure bouclée avec ruban dans les cheveux, la main droite posée gracieusement sur son cœur. Très belle miniature sur ivoire. Signée à gauche PÉRIN, 1788. Monté dans un médaillon en or poli.

PÉRIN (LIÉ-LOUIS)

8 — Portrait de Mme Salbreux, mère de Mme Périn, la femme du peintre, représentée en robe blanche décolletée avec écharpe de même nuance jetée sur les épaules, chevelure blonde, frisures tombant sur le cou. Fond de paysage. Miniature ronde sur ivoire. Signée à droite PÉRIN. Cadre en cuivre gravé.

PÉRIN (LIÉ-LOUIS)

9 — Portrait de Mme Périn, femme du peintre, née Salbreux, représentée dans un jardin, habillée d'une robe de soie marron, décolletée en cœur, les bras croisés, coiffée d'un bonnet de dentelle blanche avec flot de rubans gorge de pigeon, légèrement posée sur son abondante chevelure dont les boucles retombent sur les épaules. Superbe miniature ronde sur ivoire. Signée à gauche PÉRIN. Cadre de cuivre ciselé et doré au mat.

PÉRIN (LIÉ-LOUIS)

10 — Portrait de Mme J.-V.-M. Saint-Germain, née Curmer, représentée dans un jardin, en robe de soie gris perle toute plissée avec ceinture rouge, coiffée d'une fanchon de gaze blanche laissant voir la chevelure bouclée et légèrement poudrée. Miniature ronde sur ivoire. Signée à gauche : L. PÉRIN.

PÉRIN (LIÉ-LOUIS)

11 — Portrait de jeune Femme en robe de soie orange décolletée, avec fichu de gaze blanche retenu par un nœud de ruban sur le corsage, coiffée à la poudre chapeau de feutre noir, orné de plumes blanches et noires. Miniature ovale sur ivoire.

PÉRIN (Lié-Louis)

12 — Portrait de Mme Gavet, née Périn, sœur du peintre, représentée dans un paysage, en costume de riche fermière, robe de soie violette avec fichu de gaze blanche, coiffée d'un haut et coquet bonnet garni de ruches et de dentelles, chevelure à boucles tombant sur les épaules. Jolie miniature ronde sur ivoire. Signée à droite Périn. Montée sur un couvercle de boîte d'écaille.

PÉRIN (Lié-Louis)

13 — Portrait de son fils aîné enfant, petit blondin, en chemise avec ceinture bleue, tendant les bras au milieu des fleurs. Miniature ronde sur ivoire. Signée à droite Périn.

PÉRIN (Lié-Louis)

14 — Portrait de M. Salbreux en habit violet, perruque poudrée, regardant presque de face. Petite miniature octogone sur ivoire.

PÉRIN (Lié-Louis)

15 — Jeune Femme assise dans un grand salon, accoudée sur un guéridon, semblant plongée dans une profonde méditation. Miniature carrée.

PÉRIN (Lié-Louis)

16 — Portrait d'Hippolyte Périn, fils du peintre, représenté presque de face, en habit bleu à boutons d'or, gilet blanc, cravaté de blanc. Fond de paysage. Miniature carrée sur ivoire.

PÉRIN (Lié-Louis)

17 — Portrait de Mme J.-M. Curmer, née R. Tesnière, représentée en robe violette, ceinture à corselet avec fichu de gaze dissimulant le décolleté et bouquet de roses au corsage, cheveux noirs tombant en boucles ornés d'un ruban blanc. Fond de paysage. Miniature ronde sur ivoire.

PÉRIN (Lié-Louis)

18 — Portrait de Mme Tesnière, née Abraham, représentée assise dans un parc, habillée d'une robe blanche, corsage décolleté avec fichu de gaze, regardant de face, le visage souriant, chevelure à la poudre et bouclée avec coquette coiffure de gaze blanche ornée d'un bouquet de fleurs. Belle miniature ronde sur ivoire. Signée à gauche Périn.

PÉRIN (Lié-Louis)

19 — Portrait de M. Tesnière, les cheveux rejetés en arrière et poudrés, en habit gorge de pigeon à boutons d'or, gilet de satin blanc et bleu rayé, cravate blanche et jabot de dentelle. Fond de paysage. Miniature ronde sur ivoire. Signée à gaucne Périn.

PÉRIN (Lié-Louis)

20 — Portrait de Femme en robe blanche coquettement décolletée, avec écharpe de soie jaune et bleue nonchalemment jetée sur les épaules, regardant de face, esquissant un sourire des plus fins, chevelure tombant en grandes boucles, légèrement poudrée. Fond de paysage. Effet de soleil couchant. Belle miniature ronde sur ivoire.

PÉRIN (Lié-Louis)

21 — Portrait de jeune Femme en corsage à revers teinte gorge de pigeon, col ouvert, garni de dentelle, chevelure poudrée et frisée avec boucles rebelles tombant sur le cou et nœud de ruban bleu retenant les cheveux. Jolie miniature ronde sur ivoire.

PÉRIN (Lié-Louis)

22 — Portrait de la duchesse de Larochefoucauld, représentée de trois quarts, en robe rose avec écharpe de soie blanche, les cheveux blonds tombant en boucles, coiffée d'un grand chapeau. Miniature ovale sur ivoire. Esquisse signée à droite Périn.

PÉRIN (Lié-Louis)

23 — Portrait de jeune Fille, la tête légèrement inclinée vers la droite avec ruban bleu dans les cheveux, corsage violet, fichu de soie blanche tombant sur les épaules et laissant voir la gorge. Miniature ovale sur ivoire. Montée en médaillon.

PÉRIN (Lié-Louis)

24 — Portrait d'Homme en habit gris, collet de velours noir, cravate et jabot blanc, cheveux poudrés. Miniature ovale sur ivoire.

PÉRIN (Attribué à Lié-Louis)

25 — Portrait de jeune Homme représenté de profil. Petite miniature octogonale sur ivoire. Cadre bois noir, fond de velours rouge.

PÉRIN (LIÉ-LOUIS)

26 — Portrait de Dame de qualité, avec chevelure frisée et ruban bleu dans les cheveux, corsage gris perle, à revers, avec fichu de gaze blanche. Miniature ronde sur ivoire. Signée à droite PÉRIN, 1786. Cadre en bronze, à chevalet.

PÉRIN (LIÉ-LOUIS)

27 — Son Portrait par lui-même, représenté presque de face en habit bleu à boutons d'or, cravate et jabot bleus, cheveux poudrés. Miniature ronde sur ivoire, cadre bois noir garni de cuivre.

PÉRIN (LIÉ-LOUIS)

28 — Portrait du père de M. Périn, représenté les bras croisés, regardant presque de face, en habit violet, gilet rouge, cravate et jabot blancs. Miniature ronde sur ivoire, signée à droite.

PETITOT (Attribué à)

29 — Portrait de jeune Seigneur regardant presque de face, avec perruque longue et poudrée, habit gris perle, brodé d'or, manteau rouge, nonchalamment drapé autour du corps. Très belle miniature ovale sur ivoire.

VAN LOO (Attribué à)

30 — Portrait de jeune Femme en corsage bleu décolleté, coiffée d'un bonnet de dentelle enrubanné de bleu, la tête légèrement tournée vers la droite. Miniature ovale sur ivoire.

VESTIER (Attribué à)

31 — Portrait de Dame de qualité en robe violette, corsage décolleté, avec fichu de gaze, coiffure haute à la poudre, quelques roses dans les cheveux, retenues par un ruban bleu. Jolie miniature ronde sur ivoire.

ÉCOLE FRANÇAISE

(XVIIIe SIÈCLE)

32 — Portrait d'une Duchesse de Bade, représentée dans un paysage, en robe de soie bleue à corsage décolleté, parée de perles. Miniature ronde sur ivoire. Cadre en bronze.

ÉCOLE FRANÇAISE

(XVIIIe SIÈCLE)

33 — Portrait d'Homme, représenté de trois quarts, habit bleu, gilet jaune, cheveux poudrés. Miniature ronde sur ivoire. Cadre à chainette.

ÉCOLE FRANÇAISE

(XVIIe SIÈCLE)

34 — Portrait de jeune Seigneur, représenté de trois quarts, chevelure blonde et frisée, manteau rouge jeté sur l'épaule. Peinture ovale sur bois. Cadre doré.

ÉCOLE FRANÇAISE

(XVIIIe SIÈCLE)

35 — Portrait de M. de Buffon. Miniature ovale sur ivoire.

ÉCOLE FRANÇAISE

(XVIIIe SIÈCLE)

36 — Portrait de Dame à coiffure haute. Miniature ronde sur ivoire. Cadre bois noir.

ÉCOLE FRANÇAISE

(XVIIe SIÈCLE)

37 — Portrait d'un Gentilhomme à grande perruque blonde. Miniature ovale. Cadre en bronze oxydé à chevalet.

ÉCOLE FRANÇAISE

(XVIIIe SIÈCLE)

38 — Portrait d'Homme en manteau rouge avec col de fourrure, regardant presque de face. Miniature ovale sur ivoire. Cadre en or gravé.

ÉCOLE FRANÇAISE

39 — Portrait de Dame, coiffure à panaches, ruché autour du cou, corsage rose décolleté. Miniature ovale sur ivoire. Cadre en posé d'or sur écaille, fonds de velours.

ÉCOLE FRANÇAISE

40 — Portrait de jeune Femme, assise et méditant, en robe blanche coquettement décolletée, à cheveux légèrement poudrés tombant en longues boucles. Miniature ovale sur ivoire. Cadre bronze doré.

ÉCOLE HOLLANDAISE

(XVIe SIÈCLE)

41 — Portrait de jeune Femme en robe noire avec collerette tuyautée regardant presque de face. Miniature ronde sur ivoire. Cadre bois noir.

ÉCOLE HOLLANDAISE

42 — Portrait d'Homme. Peinture ovale sur cuivre.

ÉCOLE HOLLANDAISE

43 — Portraits de Gentilhomme et grande Dame en riches costumes. Deux miniatures sur vélin. Cadre bois doré avec glaces à biseaux.

ÉCOLE ITALIENNE

(XVIIe SIÈCLE)

44 — Portrait d'un Cardinal. Miniature rectangulaire sur ivoire.

TABLEAUX

PÉRIN (Lié-Louis)

45 — Portrait de Mme Salbreux. Représentée presque de face en robe de soie grise décolletée, cheveux frisés.

46 — Une Famille américaine réunie dans un parc. Esquisse.

47 — Portrait de M. Salbreux.

48 — Portrait de Lié-Louis Périn par lui-même.

49 — Son Portrait par lui-même, représenté de trois quarts, en habit de soie gris perle, cheveux poudrés. Toile ovale. Cadre bois sculpté et doré.

50 — Portrait de Mme Périn-Salbreux. Joli pastel ovale.

51 — Portrait de H.-A. Périn, fils du peintre. Charmant pastel ovale signé Périn, 1802.

52 — Portrait de A. Périn, second enfant du peintre. Charmant pastel ovale.

53 — Six Études de fruits et de fleurs.

PÉRIN (Alphonse)

54 — La Samaritaine. Grand tableau.

55 — Arc d'Orange.

56 — Maison carrée à Nimes.

57 — Arc d'Orange.

58 — Le Temple de Diane à Nimes.

59 — Les Arènes d'Arles.

60 — Trente Études. Souvenirs de voyage. (Sera divisé.)

61 — Trois Paysages d'après Le Poussin.

62 — Adam et Eve. Daprès les peintures du Vatican, à fond d'or.

63 — Son Portrait par lui-même.

64 — Portrait de Dame vue de dos, la tête de profil. Signé A. Périn, 1845.

65 — Six Études : Paysages, Plantes et Fleurs.

66 — Place du Quirinal.

— L'Arc de Titus.

68 — Monte Cavallo.

69 — Temple de Vénus.

70 — La Villa Médicis. Cinq tableaux se faisant suite. Souvenir de Rome.

71 — Diane et Actéon.

72 — Sainte en extase dans un cadre cintré en bois doré.

73 — Le Sommeil de l'Enfant Jésus, d'après Raphael.

74 — La Vierge, l'Enfant Jésus et Sainte Anne. Peinture en grisaille, d'après Léonard de Vinci.

D'ALIGNY

75 — Quatre Panneaux décoratifs. Souvenirs d'Orient et d'Italie.

76 — Scapri.

77 — La Campagne de Rome.

BALZE

78 — Fragments d'un grand Tableau, d'après Raphael.

CORNU (S.)

79 — Retour de l'Enfant prodigue.

80 — Sainte Famille, d'après Carafollo.

81 — Le Couronnement de la Vierge. Tableau cintré, d'après Raphael.

COUSSIN (D'apres)

82 — Portrait du Cardinal Cassien del Pozzo.

FAIVRE DUFFER

83 — La Vierge et l'Enfant, d'après Raphael.

84 — La Sybille, d'après Raphael. Pendant du précédent.

85 — Portrait d'Alphonse Périn. Peinture en grisaille.

GENSANO

86 — Les Orphelins.

GIOTTINO

87 — La Présentation de la Vierge.

88 — Fragment de rétable. Cinq sujets sur fond d'or.

GUÉRIN

89 — Saint Louis au chêne de Vincennes. Étude inachevée.

90 — Scène allégorique.

91 — Scène de sacrifice.

LARGILLIÈRE (D'après)

92 — Portrait du cardinal de Mazarin.

LUINI (Bernardo)

93 — La Sainte Famille. Peinture à fresque.

ORSEL (Victor)

94 — Prescience de la Vierge. Dessin; une des dernières œuvres de l'artiste. Dans un cadre ancien, d'aspect architectural à fond d'or avec peinture représentant au fronton le Père Éternel et des chérubins, de chaque côté des anges en prière.

ORSEL (Victor)

95 — La Visite à l'accouchée. Scène du xve siècle. Signé.

96 — L'Adoration de la Vierge et de l'Enfant Jésus. Projet de décoration pour le Vœu de la Vierge à Lyon. Tableau cintré.

97 — Le Bien et le Mal. Projet de décoration. Tableau cintré.

98 — La Curieuse.

99 — Portrait de jeune Femme en robe blanche.

ORGANA

100 — Saint Paul et Saint Ambroise. Peintures à fond d'or sur panneaux. Deux pendants.

UCELLO (Paolo)

101 — La Porte dorée

A. PERRIT

102 — La Tour penchée de Pise.

103 — Parvis d'une Eglise.

104 — Campo Santo.

105 — Campo Santo.

106 — Le Dôme à Pise.

PINSON (Mme)

107 — Portraits de Mme Pinson et de Mlle Robert.

ROGER (A.)

108 — La Veillée de la Morte.

109 — La Prise de voile.

SIMON MEMMI

110 — Saint Nicolas.

SPINELLI (d'Arezzo)

111 — L'Annonciation et les Rois Mages. Peinture à deux compartiments sur bois.

STELLA

112 — Madeleine conduite par les Anges. Peinture sur marbre.

TADDÉO BARTOLI

113 — La Vierge. Peinture à fond d'or.

TAUNAY

114 — La Parade. Gouache intéressante.

115 — Ruth et Booz.

116 — Marine.

ÉCOLE ANCIENNE

117 — Descente de Croix.

ÉCOLE FRANÇAISE

118 — Portrait de petite Fille tenant une rose à la main. Toile ovale.

ÉCOLE ITALIENNE

(XVIIe SIÈCLE)

119 — Tête de Saint Jean. Miniature rectangulaire. Cadre en bois noir guilloché.

ÉCOLE ITALIENNE

(XVe SIÈCLE)

120 — Diptyque offrant sur un volet; la Crucification et sur l'autre l'Ascension. Peinture à fond d'or.

121 — Triptyque offrant au milieu la Vierge et l'Enfant et sur les volets des figures de Saints. Peinture à fond d'or.

122 — Saint Bonaventure. Peinture à fond d'or sur bois.

123 — Fragment d'un Rétable.

124 — Deux Saints. Peintures sur fond d'or dans un même cadre.

ÉCOLE MODERNE

125 — La Mort de Sainte Thérèse. Première pensée du tableau qui se trouve à l'Eglise Notre-Dame de Lorette.

126 — **Études. Projets de décorations. Dessins.**

PÉRIN (Henri-Alphonse)

PEINTRE D'HISTOIRE

(1798-1874)

SON ŒUVRE

127 — Tobie rend la vue à son père. Charmante petite esquisse du célèbre Tableau.

128 — Même Composition. Mine de plomb. Superbe d'exécution.

129 — Même Composition. Carton à la moitié de la peinture. Tableau acquit par le Gouvernement.

130 — Etudes peintes pour Tobie et l'Ange. Encadré.

131 — Portrait de l'artiste A. Périn. Mine de plomb. Encadré.

132 — Jolie Composition pour Clotilde de Surville. Etudes à l'aquarelle, sépia, mine de plomb; harmonieusement soigné d'exécution.

133 — Portrait de Femme assise. Superbe Dessin mine de plomb, d'un fini précieux.

134 — Dix-huit splendides Etudes peintes pour la Chapelle de l'Eucharistie, de N.-D. de Lorette, superbe Étude d'une grande douceur d'exécution, dans un grand cadre.

135 — Le Christ. Quatre Études peintes dans un même cadre. Pour la Chapelle.

136 — Vingt-cinq Dessins très soignés d'Études à la mine de plomb, de figures, de mains et de pieds pour divers ouvrages. Encadrés.

137 — Belles Études de têtes et d'expression, figures en pieds, Académie, draperie pour servir au fresque de la Chapelle de la Vierge.

138 — Enfants à l'Étude et aux plaisirs. Quatre charmants Dessins. Encadré.

139 — Sainte Famille. Première esquisse du tableau pour la Cathédrale de Fréjus, 1827.

140 — Figure de la Vierge. Etude peinte. Superbe de coloris.

141 — Etudes de Scène pour les compositions de la Chapelle de la Vierge.

142 — Sainte Famille. Aquarelle. Encadré.

143 — Visite à la Vierge. Mine de plomb. Encadré.

144 — Etudes de Femmes et d'Enfants : costume d'italienne. Croquis d'après nature. Encadré.

145 — Trois Portraits de V. Orsel, par A. Périn. Étude peinte et crayon. Encadré.

146 — Un Portrait du peintre V. Orsel (non terminé), mort le 1er novembre 1850.

147 — Saint Louis au Chêne de Vincennes. Tableau non terminé.

148 — Vues de Provence et d'Italie. Dessin d'après nature. Encadrés.

149 — Croquis de figures. Costumes italiens, rehaussé de couleurs. Encadrés.

150 — L'Enlèvement de Proserpine. Encadré.

151 — Important Cartons de figures en pied, exécutées pour la Chapelle de l'Église Notre-Dame-de-Lorette. Crayon noir.

152 — Neuf Dessins. Mine de plomb. Encadrés.

153 — Étude pour la tête de Vierge de la Sainte-Famille. Encadré.

154 — Dessins et projets pour un hommage de Reims. Encadrés.

155 — La Tour penchée, à Pise. Encadré.

156 — Le Christ sort du Tombeau. Mine de plonb Encadré.

157 — Intérieur d'Église. Campo Santo, Pise. Mine de plomb. Encadré.

158 — Première pensée pour Diane et Actéon. Étude de feuilles. Encadré.

159 — Même Dessin, plus terminé, jolie composition à la plume. Encadré.

160 — Charles Lenormant, son portrait, par A. Perin. Mine de plomb. Encadré.

161 — Quantités de Dessins de A. Périn. En feuille croquis (Sera divisé).

162 — Plusieurs Copies, d'après Le Titien, Poussin, etc. Soigneusement traité (Sera divisé).

163 — Académies : Études des femmes. — Etudes d'hommes. — Études diverses. — Esquisse non terminée. — Quantités d'Études peintes : Paysage, Scènes diverses (Sera divisé).

164 — Étude peinte, Tête de Femme italienne.

165 — Étude, Tête de profil. Cadre époque Louis XIV. sculpté.

166 — Paysanne de Ganzano.

167 — Sous ce numéro, par divers : Étude peinte, Figures, Compositions, Paysages, etc. (Sera divisé).

168 — A. Périn et Aligny. Carton pour la Chapelle de Notre-Dame-de-Lorette, représentant Arbre du Bien ou du Mal. La Croix arbre de vie. Grands Dessins à la pierre noire.

ŒUVRES DE VICTOR ORSEL

CÉLÈBRE PEINTRE D'HISTOIRE

Mort en 1850

Auteur du tableau du *Bien et du Mal*
Peintures des Litanies exécutées dans la chapelle de la Vierge de l'église de Notre-Dame-de-Lorette
Tableau pour la chapelle de Fourvières, à Lyon
Moïse présente à Pharaon, etc.

COLLECTION IMPORTANTE

D'Études peintes, de Cartons et Dessins, pour ses superbes compositions

---

169 — Vingt-cinq cartons représentant les Saints en pied, composé et dessiné par V. ORSEL et terminé par A. PÉRIN pour la Chapelle de la Vierge à l'Église Notre-Dame-de-Lorette. Crayon noir, mesurant $1^{m}18$ sur $0^{m}65$.

170 — Exemplaire unique des œuvres de VICTOR ORSEL, mises en lumière par ALPHONSE PÉRIN, recueil terminé par FÉLIX PÉRIN. Contenant les dessins originaux en regard des gravures renfermées dans le volume, d'épreuves non terminées et avant la lettre, croquis et premières pensées de l'artiste, photographies. Ouvrage sur grand papier.

171 — Le Christ enfant tenant le monde dans sa main. Charmant dessin pour la Chapelle de la Vierge. Encadré cadre sculpté.

172 — Moïse présenté à Pharaon. Tableau appartenant au musée de Lyon.

173 — Le Christ enfant. Charmant crayon pour le tableau du Vœu. Encadré.

174 — Cinq Têtes d'études. Figures de Femmes, à la pierre noire. Dans le même cadre.

175 — Etudes peintes de mains et de pieds. Draperies, académies, figures. Encadré.

176 — Têtes d'études, figures de Saintes, ovale. Encadré.

177 — Charmantes Têtes d'études d'expression. Encadré.

178 — Etude à l'huile du Lion couché pour le tableau du Vœu à Lyon.

179 — Salut des Malades. Charmant dessin, sépia. Encadré.

180 — Job. Crayon, encadré.

181 — Divers Croquis. Premières Pensées pour ses œuvres. Encadré cadre ancien, sculpté.

182 — Etudes peintes de 1840 à 1849, pour le tableau du Vœu à Notre-Dame-de-Fourvières, à Lyon. Neuf belles études. Encadré.

183 — Études de figures pour la Chapelle de Paris.

184 — Études de paysages d'après nature, 1826. Encadré.

185 — Ève. Carton, crayon noir. Daté Rome, 1823.

186 — Divers Croquis-Études d'après nature.

187 — David et Nathan, aquarelle. Gravé dans son œuvre. Encadré.

188 — Portrait. Femme assise raccommodant un filet. Joli dessin à la mine de plomb. Encadré.

189 — Saint Jean. Deuxième carton des Saints-Protecteurs de Lyon.

190 — François Ier. Médaillon rond. Dessin à la pierre noire. Encadré.

191 — Le Départ d'Abraham. Encadré.

192 — Sainte Madeleine.

193 — Carton exécuté pour la Chapelle de la Vierge à Notre-Dame-de-Lorette. Jolie composition. Crayon noir.

194 — Études peintes, Dessins et Croquis non décrits.

ESTAMPES ANCIENNES

ET MODERNES

EN PORTEFEUILLES

GRAVURES ENCADRÉES DANS DES CADRES EN BOIS SCULPTÉ

Quantité de Photographies, Documents industriels
Autographes, Albums chinois et japonais
Ustensiles d'atelier, Boîtes et couleurs plates et bas-relief
Objets divers

195 — **A.-M. Chenavard.** Architecte, Albums sur les fontaines, Poèmes, Vues d'Italie, le Poète esquisse, etc. 10 volumes. (Sera divisé.)

196 — **Albums** d'Authographes, Lettres sur Arts. (Sera divisé.)

197 — **Alfred Rethel**. Danses Macabres, Album.

198 — **A.-B. Desnoyers**. La Vierge au donataire. Belle épreuve encadré.

199 — Boîte contenant 30 Brochures avec Estampes en couleurs, Chine et Japon.

200 — **Baudran**. Magdeleine au pied du Christ, d'après Le Poussin. Encadré.

201 — Sous ce numéro, plusieurs Estampes anciennes encadrées.

202 — **Collection superbe de Photographies**, Architectures des villes de France, Vues, Monuments, Châteaux, Églises, Décorations intérieures, Paysages et Figures. (Sera divisé).

203 — **C. Meryon**. Portrait de C. Lecomte avec envoi d'Auteur.

204 — **C. Meryon**. Portrait de *Dante*. Epreuve d'Artiste.

205 — **C.-S. Pradier** (1832), d'après Ingres. Virgile. Belle épreuve. Encadré.

206 — **Danguin** (1857), d'après Orsel. Le Riche et le Pauvre. Encadré.

207 — Estampes anciennes, Portefeuilles renfermant de l'École italienne et allemande quelques Dessins anciens, bois, etc. (Sera divisé.)

208 — **Dubouchet.** Le Cuivre gravé du Portrait de L.-L. Périn.

209 — **F. Payan** (1874), d'après V. Orsel. Ensemble des Peintures de la chapelle de la Vierge, église N.-D. de Lorette.

210 — Douze grands Cartons, Dessins, Épures, Document sur l'Architecture, Plans et Monuments, Vues, Gravures, Photographie, quantité de Sujets sur l'art et l'industrie, ornement, etc., etc. (Sera divisé).

211 — **Henriquel-Dupont** (d'après Ingres). L.-F. Bertin. Superbe épreuve avec cuivre du maître et signée par le graveur.

212 — **Ingres** (D'après). Carton contenant des Portraits gravés ou lithographie par Dieu, François, Calamatta, Henriquel-Dupont, Léon Noel, etc. (Sera divisé.)

213 — **Ingres.** Apothéose d'Hommes, Photographie avec cuivre d'Auteur et deux charmantes lettres authographes. Encadré.

214 — **L. Calamatta.** Ingres, son portrait.

215 — **L. Calamatta.** Napoléon Ier.

216 — **L. Calamatta.** Raulin, d'après V. Orsel.

217 — **L. Calamatta.** Vœu de Louis XIII. Belle épreuve sur Chine. Encadré.

218 — **Marc-Antoine** (D'après Raphael). Le Massacre des Innocents. Epreuve avant le monogramme. Vendu par Defer en 1834, douze cent francs.

219 — **Musique.** Cantate française à voix seule, dédiée à Monseigneur le duc d'Orléans, renfermant un joli titre gravé par B. Picart, d'après Ant. Coypel. Relié veau avec les armes sur les plats.

220 — **P. Drevet** (D'après Rigaud). Portrait de Robert de Cotte. Belle épreuve. Encadré dans un superbe cadre Louis XIV en bois sculpté.

221 — Portraits d'Artistes du xviie siècle. Belle épreuve avec marge. — Compositions et Portraits de la Société française de gravure. — Estampes anciennes, Lithographies.— Sujets divers. — Portefeuille. (Sera divisé).

222 — Huit Portefeuilles contenant des Dessins de l'École de Rome, par Guérin, A. Périn. — Pensée et Croquis par divers artistes. — Documents pour divers Ouvrages, Études. — Aquarelles, sépia, encre de Chine, pierre noire, etc. (Sera divisé).

223 — Vingt Portefeuilles classés, renfermant des Documents sur l'Architecture et les Décorations : Meubles, Eglise, Chapelle, Figures, Costume, Manuscrit, Ivoire, Intérieur, des styles byzantin, gothique, Renaissance, etc., etc. (Sera divisé).

224 — Portraits d'Artistes des xviie et xviiie siècles : S. Bourdon, Boucher, Hallé, Largillière. Encadré.

225 — **Raphaël Worgen** (D'après Raphael). Les quatre Vertus. Sous verre.

226 — **Sudre** (1827). Lithographie : Odalisque, d'après Ingres. Encadré.

227 — **V. Vibert** (D'après Raphael). Vierge et Enfant. Epreuve d'artiste non terminée avec envoi d'auteur.

228 — **V. Vibert** (D'après V. Orsel (1858). Le Bien et le Mal. Avec envoi à son ami Périn.

229 — Ustensiles d'atelier et d'architecte, Boîtes de couleurs, Albums, Outils d'architecte, etc., Machine à imprimer, Boîtes de pastels.

230 — **Houdon** (D'après). Voltaire assis. Charmante réduction.

231 — **Houdon** (D'après). La Main d'Ingres tenant un crayon.

232 — **Houdon** (D'après). Statuette, Bas-Relief et Figures d'après l'antique, Médaillon, etc.

233 — **Assignats.** Albums de Dessins, Portefeuilles, Chevalets et Gravures, Objets de bureau et d'architecte.

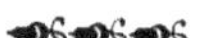

TABLEAUX ANCIENS
ET MODERNES
DESSINS ET AQUARELLES, CROQUIS, ETC.
PAR DIVERS

---

234 — Trois Panneaux camaïeux représentant des enfants entourés de guirlandes de fleurs. Charmante étude de l'époque du XVIIe siècle.

235 — Quatre jolis Portraits d'Artistes du XVIIe siècle, dans un même cadre. Tableau ayant été coupé.

236 — **Bouth-Baudoin.** Les quatre Éléments.

237 — **S. Bourdon.** Paysage avec figures.

238 — **Michel.** Paysage animé de figures.

239 — **Ingres** (?) Vue intérieure d'un palais.

240 — **Ingres** *(fecit).* Revoil à dix-huit ans. Très beau dessin dessiné dans l'atelier de David. Encadré.

241 — **Roger** (1834). Ingres, son portrait. Mine de plomb. Encadré.

242 — **H. Dubouchet** (D'après Lucas de Leyde). Personnage à riche costume. Aquarelle. Encadré.

243 — La Mort de Saint Bruno. Très beau dessin à l'aquarelle. Encadré.

244 — **Aligny** (1835). Vue de Civiltella (Italie). Joli dessin à la plume. Encadré.

245 — **Antiphonain.** Lettre de couleurs sur fond bleu rehaussé d'or.

246 — Cadre renfermant des Aquarelles et Sépias, Intérieur et Figures, Chapelle, par Granet, Labroust, Nicolle. Encadré.

247 — **J. Guérin.** Croquis sur ardoise. Encadré.

248 — **Faire Duffer**, artiste peintre. Continuation des cartons d'Études, d'après les compositions d'Alphonse PÉRIN, pour l'église de Notre-Dame-de-Lorette, terminé par DUFFER. Trois cartons. Crayon noir.

249 — **H. Bellangé**. Le Retour du Soldat. Mine de plomb. Rehaussé de couleurs.

250 — **A. Bortin**. Grigente. Dessin sur papier bleu. Rehaussé de blanc.

251 — **Lesueur (?)**. Uranie. Dessin à la pierre. Cadre sculpté.

252 — **Vianella**. Vue de Palerme. Sépia avec personnage. Encadré.

253 — **H. Labroust**. Tombeau de J.-B.-B. Salbreux. Dessin encadré.

254 — **B. Luini**. La Vierge et l'Enfant. Ancien dessin. Fatigué.

255 — **P. Guérin**. Sujet mythologique. Gracieuse composition. Plume et rehaut blanc.

256 — **H. Fragonard**. Jolie réunion de Dessins à la sanguine, montés sur glomi. Souvenir de voyage d'Italie.

257 — **Tyr** (D'après F. ANGELICO). Morceau d'Études.

258 — **A. Raulin**. Vue de la Place, à Venise. Vue d'un côté du Canal.

259 — **David de Sanzea**. La Mort du Tambour breton.

BRONZES, FERS, CUIVRES

260 — Suspension de salle à manger, formée par un casque renversé, en fer gravé d'Orient, surmonté d'un cercle avec huit lumières.

261 — Paire d'Appliques à trois lumières, en fer.

262 — Miroir. Cadre en cuivre orné de pierreries.

263 — Deux Flambeaux en cuivre de l'Empire.

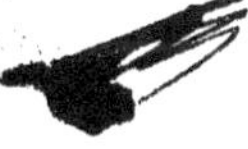

264 — Coupe en bronze vert, décor à ornements en bas-reliefs. Style grec.

265 — Statuette en bronze vert : Bellone.

266 — Bougeoir en fer incrusté d'argent. Travail persan.

267 — Sébille en cuivre gravé et étamé d'Orient.

268 — Deux Lampes en bronze japonais, patine frottée et fumée.

269 — Lanterne avec cage en cuivre Louis XIII.

270 — Paire de Flambeaux en bronze ciselé et poli, décor très délicat, Louis XIV.

271 — Statuette en bronze vert : Faune, d'après l'antique.

272 — Paire de Flambeaux à deux branches, liseurs nickelés.

273 — Pendule de chevet, de Lépine.

274 — Petite Divinité assise, en bronze ancien de Chine.

275 — Cassolette formée par un oiseau, en bronze de Chine.

276 — Oiseau en bronze de Chine.

277 — Cinq très petites Divinités en bronze ancien de l'Inde.

278 — Jonque en bronze de Chine.

279 — Petit Coffret en bronze japonais.

280 — Grande Torchère de mosquée en cuivre repercé et gravé de Perse.

281 — Lustre à huit lumières en cuivre repercé. Style Renaissance.

282 — Deux Flambeaux argentés forme colonnettes avec chapiteaux.

283 — Paire de Candélabres à figures de Diane et Apollon, en bronze, patine foncée, portant des bouquets à quatre lumières en bronze doré, montés sur socles carrés en spath-fluor. Ier Empire.

284 — Deux Statuettes en bronze : Mercure et Renommée.

285 — Paire de Flambeaux en bronze de l'Empire.

286 — Devant de feu en bronze doré et marbre rouge. Style Louis XIII.

287 — Suspension forme Jonque en bronze de Chine gravé.

288 — Deux petits Vases en bronze de Chine, patine jaune.

289 — Deux Chandeliers en fer. Style XVIe siècle.

290 — Petit Buste en bronze vert, d'après l'antique.

291 — Coupe en onyx d'Algérie supportée par un groupe de nymphes, en bronze argenté.

292 — Figurine en bronze : *La Joueuse d'osselets.*

293 — Garniture de cheminée en bronze et marbre jaune de Sienne : Pendule avec sujet : *Raphaël*, deux Flambeaux, deux Coupes et deux Candélabres Empire. Style pompéien.

294 — Deux Aiguières en bronze du Tonkin, partie ciselée, gravée et dorée.

295 — Pendule en marbre jaune de Sienne avec sujet en bronze : *La Vénus accroupie.*

296 — Deux Coupes en bronze sur socle en marbre jaune de Sienne.

297 — Lanterne à pans, cage en zinc.

PORCELAINES

298 — Quatre-vingt-cinq Assiettes et Plats en vieux Chine et vieux Japon, décors variés en polychrome à rehauts d'or.

299 — Vingt-cinq Pièces : Tasses, Bols, Jardinières en vieux Japon, décor polychrome et or.

300 — Plats et Assiettes en vieux Japon, décor bleu.

301 — Service de table pour douze couverts, en Saxe, décor bleu dans le goût japonais, à fleurs et feuillages.

302 — Gargoulette en vieux Chine, décor bleu.

303 — Soupière en ancienne porcelaine de l'Inde, décor à armoiries et fleurs.

304 — Soupière avec Couvercle et Plateau en ancienne porcelaine de l'Inde, décor à fleurs et guirlandes.

305 — Deux petites Fontaines en vieux Chine fond bleu, à médaillons, de la famille verte.

306 — Deux Vases en porcelaine du Japon, décor cloisonné.

307 — Grande Potiche avec Couvercle de Chine, fond gros bleu, médaillons à personnages et fleurs, rehaussé d'or.

308 — Boule-Veilleuse ajourée du Japon, décor bleu.

309 — Potiche avec couvercle de Chine, fond bleu, à rehauts d'or.

310 — Deux Bouteilles en gris craquelé de Chine, décor bleu.

311 — Deux Pots à couvercles genre Japon, polychrome et or.

312 — Deux Cornets du Japon, polychrome et or, côtelés.

313 — Coupe avec Couvercle du Japon, polychrome.

314 — Deux Seaux en vieux Chine, décor à fleurs.

315 — Bouteille porte-bouquets de Chine, décor bleu.

316 — Paire de Lampes en porcelaine couleur céladon, monture en bronze.

317 — Deux Candélabres formés par des bouteilles à cinq tubes de Chine, décor bleu, monture nickelée.

318 — Jardinière du Japon, décor polychrome et or, sur support en bois noir.

319 — Deux Candélabres formés par des vases en gris craquelé de Chine, partie bronzée, décor à personnages en couleur, surmontés de bouquets en fer à cinq lumières.

320 — Lampe en vieux Chine, famille rose, décor à fleurs, monture bronze.

321 — Deux Coupes du Japon, décor polychrome et or

FAIENCES

322 — Huilier de Delft avec ses burettes. Décor bleu à ornements.

323 — Bassin de Delft, décor bleu à sujet champêtre et bouquets de fleurs.

324 — Potiche en vieux Delft, décor bleu sur blanc.

325 — Deux Saucières en vieux Rouen, décor bleu.

326 — Deux Aiguières en terre émaillée vert.

327 — Cinq Aiguières en vieux Delft, décor bleu.

328 — Plaque en faïence de Perse, décor en relief à sujet équestre.

329 — Deux Cruchons en grès.

330 — Porte-Bouquet en vieux Delft, décor bleu sur blanc.

331 — Bouteille de Castel-Durante, fond bleu, médaillon à figure.

332 — Paire de Vases en faïence italienne, fond à dessin rouge avec figures en bleu.

333 — Coupe de la suite de BERNARD-PALISSY : *Persée délivrant Andromède.*

CIRES
ARMES, ÉMAUX CLOISONNÉS
CURIOSITÉS DIVERSES

334 — Cadre renfermant cinq portraits en cire représentés de profil, par André-Pierre Pinson, de 1771 à 1780, provenant des châteaux d'Ancy-le-Franc et Montmirail au marquis de Courtanvaux.

335 — Buste en terre cuite, teinte verte : *Cybelle*.

336 — Deux Fusils, divers Sabres. Fusil de chasse à deux coups, Canon de Guinard à Paris.

337 — Râtelier en laque de Pékin avec divers Sabres et Poignards japonais.

338 — Armure japonaise.

339 — Aiguière persane en argent gravé.

340 — Vase en émail cloisonné, côtelé fond aventuriné du Japon.

341 — Deux Pots avec couvercles en bambou sculpté.

342 — Petite Cave à odeurs en satin rouge brodé d'Orient, renfermant deux flacons.

343 — Petit Coffret en bois sculpté, dessin à arabesques.

344 — Pupitre en certosine.

345 — Deux Supports en bois noir.

346 — Porte-Bouquet surbaissé, en ancien émail cloisonné de Chine, fond bleu à arabesques.

347 — Petit Plateau en ancien émail cloisonné de Chine, fond bleu.

348 — Petit Vase en émail cloisonné de Chine, fond bleu.

349 — Porte-Coran en laque de Perse.

350 — Divers Coffrets, style Moyen âge.

351 — Grand Verre, de Venise, gravé à sujet avec couvercle.

352 — Petite Coupe à trois ailerons en verre de Venise.

353 — Petite Aiguière en verre de Venise bleui.

354 — Vase en ivoire sculpté, de Chine.

355 — Trois Petites Coupes en laque fine, fond rouge du Japon.

356 — Divers Petits Sujets en grès émaillé du Japon.

357 — Deux Porte-Cartes en laque aventuriné du Japon, à rehauts d'or.

358 — Collection d'Appliques, d'Agrafes dans le goût oriental.

359 — Moulages de diverses Pièces, Bas-Reliefs, Plaquettes, Reliquaires, Diptyques des xve, xvie et xviiie siècles.

BIJOUX

360 — Bague deux corps en or, avec chaton enrichi d'un brillant.

361 — Boîte rectangulaire en or guilloché avec bouquets de fleurs camaïeu rose en relief et émaillés en plein. Époque Louis XV.

362 — Étui en or guilloché, bordure or vert ciselé. Époque Louis XVI.

363 — Trois Boutons de chemise, perles fines d'Orient montées en or.

364 — Bonbonnière en or guilloché et gravé. Époque Ier Empire.

365 — Bonbonnière en écaille blonde, monture or. Louis XVI.

366 — Grosse Bague avec cornaline blanche gravée, monture or.

367 — Chaîne de gilet, or avec cachet en onyx rose.

368 — Bague avec scarabée, monture or.

369 — Petite Montre en or avec Médaillon.

370 — Montre d'homme en or.

371 — Montre d'homme en or.

372 — Grosse Montre en or, ancienne.

373 — Epingle camée, monture or.

374 — Grosse Chaîne en or rouge.

375 — Chaîne longue, en or.

376 — Montre en argent repoussé. Louis XV.

377 — Tabatière en argent ciselé.

378 — Deux Montres en argent, dont une à remontoir avec chaîne de gilet.

379 — Trois paires de Boutons de manchettes de fantaisie.

380 — Boutons de chemises en or, lapis et émail.

381 — Onze Épingles de fantaisie.

382 — Collier avec Croix en stras, monture argent. Louis XVI.

383 — Chaîne d'ordre en argent, avec Reliquaire XVIe siècle.

384 — Chaîne avec Croix ancienne, en argent.

385 — Neuf Pendentifs anciens, en or, en argent et en cuivre.

386 — Bijoux divers.

ARGENTERIE

387 — Plat oblong, bords festonnés, en argent. Style Louis XV.

388 — Deux Plats ovales, en argent, bords ciselés. Style Ier Empire.

389 — Plat rond et creux, en argent. Époque Louis XVI.

390 — Deux Plats creux, à bords festonnés, forme compotiers, en argent. Style Louis XV.

391 — Plat rond et creux, en argent.

392 — Deux Plats ronds à bords festonnés, en argent et anciens.

393 — Petit Plat rond, en argent.

394 — Trois Plats ronds, en argent, bords ciselés. Ier Empire.

395 — Plat rond, plus petit, en argent. Même style.

396 — Ecuelle, en argent, de *Roussel.*

397 — Cafetière tripode, en argent repoussé. Époque Louis XIV, décor ciselé qui a été repris.

398 — Cafetière, en argent. Empire.

399 — Théière, en argent uni.

400 — Petite Cafetière mignonnette, en argent. Décor Louis XVI, hollandais.

401 — Poivrière, en argent repoussé. Décor Louis XV.

402 — Saucière sur plateau adhérent, en argent. Style Louis XV. De *Taburet.*

403 — Légumier avec couvercle, en argent. Ier Empire.

404 — Petite Cafetière côtelée, en argent.

405 — Poëlon, en argent.

406 — Quatre Salières tripodes à têtes d'aigles, en argent. Ier Empire.

407 — Petite Coupe, forme coquille, en argent ciselé.

408 — Moule à poivre, en argent guilloché.

409 — Petit Plateau, en argent ciselé : Bacchanale d'Enfants au centre, guirlandes de fleurs au bord.

410 — Trois Ronds de serviettes, en argent gravé.

411 — Six Verres à liqueurs, en argent guilloché.

412 — Deux Louches, en vieil argent.

413 — Louche, en argent ciselé, dans le goût japonais, de *Tiffany*.

414 — Deux Cuillers à ragoût, en argent.

415 — Truelle à poisson, manche en ivoire.

416 — Fourchette à poisson, en argent.

417 — Cuiller à sauce, en argent.

418 — Cuiller à fraises, en vermeil.

419 — Cuiller à sucre, en argent.

420 — Cinq pièces : Service à hors-d'œuvre, en argent.

421 — Deux Pinces à sucre, en argent.

422 — Quarante-huit Couverts, en argent, modèle à filets.

423 — Trente Cuillers à café, en argent, à filets.

424 — Douze Cuillers à café, en argent, à coquilles.

425 — Douze Couverts à entremets, en argent, à filets et gravés.

426 — Six autres Couverts, en argent, à coquilles.

427 — Treize Pelles à sel, modèles variés.

428 — Douze Fourchettes à huitres, en argent.

429 — Pelle à bonbons, en argent ciselé, de *Tiffany*.

430 — Deux Brochettes, en argent.

431 — Deux Couverts, en argent, et une Fourchette.

432 — Passe thé, en argent.

433 — Douze Couteaux à dessert, manches bronze japonais.

434 — Douze autres, Manches en vieux Chantilly.

435 — Douze Couteaux à fruits, manches ivoire, lames en vermeil.

436 — Douze autres Couteaux à fruits, manches de *Villeroy*.

437 — Douze autres Couteaux à fruits, manches en nacre, lames argent.

438 — Six Couteaux, manches agate, lames dorées.

439 — Six autres Couteaux, manches aventurine.

440 — Douze Couteaux de table, manches ivoire.

441 — Douze autres Couteaux, manches ivoire.

442 — Douze autres Couteaux à dessert, manches ivoire.

443 — Douze autres Couteaux à dessert, manches ivoire.

444 — Douze grands Couteaux de table, manches en ivoire sculpté.

ARGENTURE

445 — Service à salade, Porte-Couteaux, Pince à asperges, Réchaud, Ménagère.

CRISTAUX, VERRERIE

446 — Suite de trente-sept Verres, Gobelets avec et sans couvercles, décorés d'armoiries, de fleurs et autres dessins, gravés, pour la plupart anciens. (Sera divisé.

447 — Deux Carafes et deux Aiguières, gravés.

448 — Dix-huit Verres bleus, à décor d'or et émail.

449 — Services divers d'usage, en verrerie et cristal. (Sera divisé.)

MONNAIES, MÉDAILLES

450 — Métaponte, Thurium, Croton, 3 pièces AR.

451 — Syracuse, tétradrachmes, 2 pièces AR.

452 — Gelon, roi de Syracuse. Tête diadèmée du roi. Rev. Bige. Didrachme, rare, AR.

453 — Athènes, tétradrachmes, 3 pièces AR.

454 — Athènes, Corcyre, 3 pièces AR.

455 — Jovin et trois deniers romains, 4 pièces AR.

456 — Jean, franc à cheval, Charles VII, écu d'or, 2 pièces OR.

457 — François Ier, écu d'or du Dauphiné. Teston d'argent, 2 pièces.

458 — Prince Noir, pavillon, 1 pièce OR.

459 — Charles III d'Espagne, monnaie turque, 2 pièces OR.

460 — Lot de monnaies et jetons, AR et billon.

461 — Lot de monnaies romaines, BR.

462 — Lot de monnaies françaises et étrangères, BR.

463 — Lot de médailles modernes, BR.

464 — Écrin renfermant 57 médailles papales, BR.

465 — Persée, J. César, etc., 4 pièces fausses.

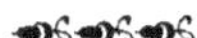

ANTIQUITÉS

466 — Amphore de Nola. Scène de congé, Achille donnant la main à Didamie. Rev. Deux éphèbes.

467 — Stamnos d'Apulie. Sappho, Phaon et deux suivantes, au-dessus l'Amour. Rev. Ephèbe entre deux jeunes filles; au-dessus, l'Amour.

468 — Grande coupe. Quadriges et guerriers. Au centre, satyre accroupi.

469 — Statuette de la déesse Neith assise, BR.

470 — Jolie Statuette en pierre grise, elle est coiffée d'une perruque cannelée. Les bras sont le long du corps. L'âme étend ses ailes sur la poitrine.

471 — Tablette en albâtre avec hiéroglyphes.

472 — Stèle en bois peint. Inscription et personnages.

473 — Objets égyptiens, statuettes en bronze, terre émaillée, etc.

474 — Divers. Petits vases, lampes, fragments de marbre, etc.

MOBILIER

---

475 — Régulateur en bois de violette et palissandre avec cadran multiple. Époque Louis XV.

476 — Armoire à deux portes en bois sculpté, partie treillagée à jour. Époque Louis XIV.

477 — Table-Bureau en acajou garni de cuivres, dessus avec galerie. Époque Louis XVI.

478 — Petite Commode en acajou, dessus de marbre blanc avec galerie de cuivre. Époque Louis XVI.

479 — Coffre en marqueterie de bois. Louis XIII.

480 — Deux Banquettes en chêne, dessus en reps vert, formant coffres.

481 — Petite Commode demi-lune en bois de rose et palissandre, dessus en marbre blanc. Époque Louis XVI.

482 — Jardinière à trois faces en bois noir avec plaques en faïence, décor genre persan.

483 — Grande Table rectangulaire de salle à manger avec rallonges aux extrémités, en noyer, piétement à colonnes. Style XVIe siècle.

484 — Six Chaises, forme XVIe siècle, en noyer ciré, couvertes en étoffe de fantaisie, fond jaune à fleurs.

485 — Deux autres Chaises, même forme, couvertes en cuir.

486 — Desserte à découper, même style, tablette en marbre rouge.

487 — Grande et belle Vitrine, avec bas à jour, à tablettes, en noyer ciré. Style XVIe siècle.

488 — Deux Bahuts en acajou s'ouvrant à deux portes, dessus en marbre.

489 — Fauteuil de bureau en chêne, foncé de canne, garni de cuir.

490 — Vitrine plate, à hauteur d'appui et haute, s'ouvrant en trois parties, en bois noir et cannelures de cuivre.

491 — Table ovale en noyer, piétement à colonnes. Style XVIe siècle.

492 — Pupitre à deux faces en chêne, s'adaptant sur la table précédente.

493 — Meuble de salon, en acajou et velours rouge, composé d'un grand Canapé formant divan-lit, quatre Fauteuils et quatre Chaises.

494 — Six Fauteuils en acajou et damas de soie rouge.

495 — Deux grands Porte-Cartons en noyer et cuir. Style XVIe siècle.

496 — Diverses Tables en acajou.

497 — Chevalet en bois sculpté.

498 — Commode ventrue, en bois de placage, garnie de bronzes. Époque Louis XIV.

499 — Piano droit en palissandre, de *Pape fils*.

500 — Tabouret de piano en bois noir et cuir rouge.

501 — Pupitre en bois sculpté. Style gothique.

502 — Pupitre à pied tors en marqueterie de bois. Style Louis XIII.

503 — Orgue en palissandre d'*Alexandre*.

504 — Casier à musique, Supports, Tables de formes diverses à étagères.

505 — Deux Fauteuils en velours rouge et bandes de tapisserie fleurdelisée.

506 — Vitrine-Console en bois finement sculpté, dessin Louis XIV, dessus à hauteur d'appui forme pupitre.

507 — Petit Canapé en velours rouge.

508 — Très bel Ameublement de chambre à coucher en chêne finement sculpté, à coquilles, rosaces et ornements feuillagés inspirés des plus élégants dessins du temps de Louis XIV, travail en partie de l'époque, composé d'un Lit de milieu avec baldaquin, une Armoire à glace biseautée et une Table de nuit.

509 — Commode à trois tiroirs, de même style.

510 — Grande et belle Vitrine à trois portes, de même style.

511 — Quatre Fauteuils et trois Chaises en bois sculpté. Époque Louis XIV.

512 — Meuble à deux corps, bas à jour, le haut s'ouvrant à deux portes, en bois sculpté. Style XVIe siècle.

513 — Table Renaissance, en bois sculpté, piétement à colonnettes et griffons ailés.

514 — Deux Meubles en forme de prie-dieu, bois sculpté, même travail que ceux de la chambre à coucher.

515 — Belle Toilette en bois sculpté, s'ouvrant à deux portes dans le bas, même style; dessus en marbre blanc avec tablette-étagère.

516 — Grand Cadre en bois sculpté de même style.

517 — Deux Bibliothèques à étagères, en bois sculpté, même style.

518 — Bibliothèque ou Réserve à cartons de dessins, meuble à hauteur d'appui, à grand développement, en bois sculpté, même style.

519 — Deux Gaînes en bois sculpté, même style, avec glace de Venise gravée sur la façade.

520 — Joli Bureau cylindre, en acajou, garni de bronzes du temps de Louis XVI.

521 — Bibliothèque, Vitrine, grande Table, Table pliante, Sièges en acajou. (Sera divisé.)

522 — Petit Sécretaire, en acajou, orné de bronzes appliques aux lions et couronne. Époque Empire.

523 — Cartonnier, Sécretaire, Chiffonnier, en acajou.

524 — Casier d'architecte, Bureaux, Tables en chêne, pitchpin, etc. (Sera divisé.)

525 — Glaces et Miroirs divers.

526 — Nombreux Meubles en acajou, chêne, bois divers, Vitrines, Armoires, Lits, Tables, etc. (Sera divisé.)

TENTURES, TAPIS

527 — Portière de mosquée richement brodée sur fond de satin.

528 — Deux paires de grands Rideaux en damas de soie rouge.

529 — Douze paires de grands Rideaux en étoffes diverses.

530 — Portières orientales.

531 — Grands et petits Tapis d'Orient.

532 — Tapis de table en cachemire de l'Inde, en étoffe brodée d'Orient, de Chine et du Japon.

533 — Étoffes et Guipures diverses.

534 — Objets non catologués.

www.ingramcontent.com/pod-product-compliance
Lightning Source LLC
LaVergne TN
LVHW010043230826
846091LV00005B/1837

* 9 7 8 2 3 2 9 5 1 7 8 0 3 *